이야기로 만나는 예수님

예수, 하나님의 어린양

저자 정부선

도서출판사 **TOBIA**

예수, 하나님의 어린양

김덕진 목사 토비아선교회대표

"이튿날 요한이 예수께서 자기에게 나아오심을 보고 이르되 보라 세상 죄를 지고 가는 하나님의 어린 양이로다"

요한복음 1장 29절

오래전부터 우리는 십자가로 우리를 구원하신 예수님을 '하나님의 뜻에 순종하여 고난받은 종', 특별히 '하나님의 어린양'으로 그려왔습니다. '고난받는 종'이 이사야서 예언의 표현이라면, '하나님의 어린양'은 요한복음에 기록된 세례요한의 고백입니다. 이후 하나님의 어린양이라는 표현은 사도 바울고전 5:7과 특히 사도 요한요 1:29, 계 7:9~10에 의해 고백적으로 사용되었습니다. 이후에도 기독교의 위대한 스승인 히포의 어거스틴은 예수님을 "죄 없으신 양"으로 묘사했습니다. 중세의 대 학자인 안셀름은 예수님을 하나님의 뜻에 따라 희생된 "희생양scapegoat"로 묘사했습니다. 칼뱅 역시 예수님을 "하나님의 도구로서 어린양"이라고 설명했습니다. 예수님의 어린양 되심은 성경과 기독교 역사에서 무엇보다 중요한 개념이며 신앙 고백의 내용이었습니다.

오늘 우리의 교회 역시 마찬가지입니다. 우리는 어른부터 어린아이에 이르기까지 모두 한목소리로 이렇게 고백합니다. "죄 없으신 예수님은 하나님의 세상 구원을 위한 도구로 선택된 고난 받으시고, 죽임당하신 하나님의 종입니다. 하나님의 어린양입니다." 우리는 예배의 자리에서 '아뉴스 데이'Agnus Dei, 하나님의 어린양와 같은 찬양과 회중 기도 그리고 말씀 선포를 통해 예수님을 하나님의 어린양으로 신실하게 고백합니다. 우리에게 예수님은 찬송가의 가사처럼 "아무 흠도 없고 거룩 거룩하신 주 하나님 어린 양"이십니다. 우리는 이 고백을 통해 우리 예수님께서 하나님의 고난 받은 어린양이시며, 그 고난을 통해 우리가 구원을 누리고 종국에 신앙의 승리를 이루게 된다는 것을 함께 나눕니다.

오랫동안 토비아선교회는 선교적 말씀교육과 선교적 신앙교육을 지향하는 어린이 교재를 출판해 왔습니다. 이번에 발간되는 사순절 어린이 교재 <예수, 하나님의 어린양>은 우리 어린이들에게 어린양 되신 예수님의 희생과 헌신, 구원과 승리를 가르칩니다. 어린양 되신 예수님을 가르치고 배우는 가운데 우리 어린이들은 우리 구원자 되신 예수님을 보다 더 구체적으로 그리고 명료하게 새기게 될 것입니다. 이번 교재 <예수, 하나님의 어린양>을 통해 우리 한국교회와 나아가 전 세계 선교지 교회들의 어린이들이 예수님에 대해 더욱 깊이 배우게 되기를 바랍니다. 그래서 우리처럼 우리 어린이들도 예수님을 우리 구세주로 고백하는 일이 세상 곳곳에서 일어나게 되기를 바랍니다.

『예수, 하나님의 어린양』 활용안내

● 『예수, 하나님의 어린양』 신앙교육교재 구성 및 진행

> 1. **외울말씀** 성경구절을 찾아 적고 암송하기
> 2. **성경이야기** QR코드를 이용한 이야기 듣기 또는 소리내어 읽기
> 3. **학습활동** 성경이야기를 기억하며 과제 완성하기
> 4. **기도해요** 각 과를 마무리하며 한목소리로 기도하고, 1주일 동안 시간을 정해 기도하기

● 『예수, 하나님의 어린양』 이렇게 시작해요

> 1. 회개의 기도로 시작해요
>   한 주간 동안 잘못한 것이 있다면 회개의 기도를 드리며 모임을 시작해요.
> 2. 함께 나눔으로 시작해요
>   한 주간 동안 하나님의 어린양되신 예수님을 기억하며 우리 삶에서 경험한 은혜에 대해
>   이야기를 나누어요.
> 3. 말씀을 복습하며 시작해요
>   한 주간 동안 외운 말씀을 함께 점검하며 모임을 시작해요.

● 교사지침 및 오디오북 영상 안내

> 과별주제 및 교수학습진행안 PDF자료는 토비아홈페이지(www.tobiamin.com)를 통해 다운받아
> 사용 할 수 있습니다. 그리고 각 과의 오디오북 영상은 토비아 유튜브채널(www.youtube.com/
> 토비아선교회/)에서 활용하실 수 있습니다.

저자 정부선

정부선 전도사는 오랫동안 기독교대한성결교회 어린이 성경공부교재를 집필하는 일에 헌신했다. 현재는 문화촌 성결교회 어린이부 전도사로 사역하며, 토비아선교회의 다양한 말씀공부교재 개발과 집필 그리고 교회교육 사역자 양성에 헌신하고 있다.

그동안 어린이교재 「예수님이 말씀하시니 I」 「예수님이 말씀하시니 II」 「예수님을 따라 걸어요」 「평화의 예수님을 기다려요」 「예수님의 사랑을 닮아가요」 「미라클 지저스」 「예수님이 만난 갈릴리 사람들」 「예수님을 따라 떠나는낮선여행」 「토비아 컬러링 바이블」 1권, 2권 그리고 노인교재 「말씀세대」 등을 집필했다.

이야기로 만나는 예수님

예수, 하나님의 어린양

1판 1쇄: 2023년 2월 3일

저　자: 정부선
편　집: 정부선, 오인표
디자인: 오인표
펴낸이: 강신덕
펴낸곳: 도서출판 토비아
등　록: 107-28-69342
주　소: 03383) 서울시 은평구 은평로 21길 31-12, 4층
　　　　T 02-738-2082　F 02-738-2083
인　쇄: 삼영인쇄사 02-2273-3521

ISBN: 979-11-91729-14-6　03230

CONTENTS

1과 여호와이레의 어린양

- 배울 말씀: 창세기 22장 1~14절
- 외울 말씀: 창세기 22장 8절

 암호를 풀어 ⬜ 안에 들어가 단어를 채워 창세기 22장 8절 말씀을 완성한 후, 함께 외워요.

아브라함이 이르되
내 아들아 ⬜⬜ 할 ⬜⬜ ⬜ 은
⬜⬜⬜ 이 자기를 위하여
친히 ⬜⬜ 하시리라

창세기 22장 8절

양	번	하	비	베	님	어	준	나	제
1	2	3	4	5	6	7	8	9	10

이삭을 대신해 제물이 된 어린양

QR코드를 핸드폰의 카메라로 스캔하면
이야기를 읽어주는 영상을 볼수 있습니다.

"아브라함아. 아브라함아. 너는 모리아산으로 가서

　너의 사랑하는 아들 이삭을 나를 위한 제물로 바치거라."

"하..하나님, 뭐라고요?"

하나님의 말씀을 듣고 크게 놀란 아브라함은 그만 땅에 주저앉았어요.

아브라함에게는 백 살이 되었을 때 하나님이 주신 사랑하는 아들 이삭이 있었어요.

아브라함은 매일 아침마다 이삭을 팔에 안고 축복기도 해주던 기억,

아장아장 걷던 이삭이 무럭무럭 자라는 모습을 보며 행복했던 모든 기억들이 생각났어요.

무엇보다 사랑하는 아들 이삭의 얼굴이 떠올라 너무나도 슬펐어요.

한참을 주저앉아 슬퍼하던 아브라함이 자리에서 일어나며 하나님께 대답했어요.

"이삭은 하나님이 주신 아들입니다. 하나님의 말씀에 순종하겠습니다."

다음날, 아침이 밝아오자 아브라함은 나귀 등에 장작을 가득 실었어요.

그리고 이삭과 함께 모리아산을 향해 길을 떠났어요.

뚜벅뚜벅 저만치 앞서 걸어가는 아브라함의 뒤를 종종걸음으로 따라 걷고 있던 이삭은

갑자가 무언가 생각이 떠올랐어요.

"아버지, 양을 놓고 왔어요. 하나님께 예배 드려야 하는데, 제물로 드릴 양이 없어서 어떡하죠?"

"이삭아, 걱정하지마. 그곳에 가면 하나님께서 제물이 될 어린양을 준비해 놓으셨을 거다."

아브라함은 미안한 마음에 차마 이삭의 얼굴을 보지 못했어요.

아브라함과 이삭은 한참을 말없이 걷고 또 걸었어요.

드디어 모리아 산에 도착했어요.

"이삭아, 여기까지 오느라 힘들었지?

 이제 하나님께 예배할 제단을 쌓을 거야. 그러니 가서 큰 돌들을 주워오렴"

아브라함은 이삭이 주워 온 돌들을 하나씩 하나씩 쌓으며 제단을 만들었어요.

이삭은 장작을 그 위에 차곡차곡 쌓으며 말했어요.

"아버지, 제단이 완성되었어요. 제물로 드릴 어린양은 어디 있나요?"

이제서야 아브라함은 이삭의 얼굴을 바라보았어요.

그리고 이삭을 안으며 말했어요.

"이삭아, 놀라지도 두려워하지도 말고 아버지의 말을 잘 들으렴.

 하나님께서는 우리 아들 이삭이 하나님을 위한 제물이 되기를 원하신단다."

이삭은 아버지가 자기를 얼마나 사랑하는지 알았어요.

이 말을 하는 아버지의 마음이 얼마나 아플까 잘 알고 있었어요.

그래서 두렵지 않았어요. 이삭은 조용히 아버지 앞에 무릎을 끓었어요.

아브라함은 한참 동안 잡고 있던 이삭의 손과 발을 끈으로 묶었어요.

그리고 이삭이 가져다 준 돌과 장작으로 쌓아 만든 제단 위에 이삭을 올렸어요.

그때, 하늘에서 큰 소리가 들렸어요.

"아브라함아, 네 아들에게 손을 대지 말라."

깜짝 놀란 아브라함은 이삭의 몸에서 손을 떼며 뒤로 물러섰어요.

"아브라함아, 나는 사랑하는 아들 이삭까지도 제물로 바치는 너의 순종을 보았다.
 너의 믿음과 순종이 나를 기쁘게 하였다. 그러니 이제 이삭을 풀어 주어라."

어디선가 양의 울음소리가 들려 왔어요.

고개를 돌려보니 가시덤불에 걸린 어린양이 보였어요.

아브라함은 그 어린양을 가져다 이삭을 대신하여 하나님께 제물로 드렸어요.

그리고 혼자서 조용히 이렇게 말했어요.

"하나님, 하나님께서 이삭을 대신할 어린양을 이곳에 미리 준비하셨군요.

이제부터 이곳을 여호와께서 준비하신다는 뜻으로 '여호와 이레'라고 부르겠습니다."

아브라함과 이삭은 하나님의 말씀에 믿음으로 순종했어요.

하나님은 모리아 산 위에 이삭을 대신할 어린양을 미리 준비하셨어요.

하나님은 우리를 위해서도 대신 제물이 될 어린양을 준비하셨어요.

어린양 엠블럼을 완성해요

하나님은 이삭을 대신해 어린양을 준비하셨어요. 예수님은 하나님이 우리를 위해 준비하신
'여호와이레 어린양'이심을 기억해요. 엠블럼을 색칠하여 완성해보아요.

 점선을 따라 쓰고 어린양되신 예수님을 기억하며 하나님께 기도해요.

하나님!

2과 유월절의 어린양

- 배울 말씀: 출애굽기 12장 1-30절
- 외울 말씀: 출애굽기 12장 27절

 보기에서 알맞은 단어를 찾아 ▨ 를 채워 출애굽기 12장 27절 말씀을 완성한 후 함께 외워요.

너희는 이르기를
이는 ▨▨▨ 의 ▨▨▨ 제사라
여호와께서 애굽 사람에게
재앙을 내리실 때에 애굽에 있는
▨▨▨▨▨ 자손의 집을 ▨▨▨
우리의 집을 ▨▨ 하셨느니라

 출애굽기 12장 27절

보기 이스라엘, 여호와, 유월절, 구원, 넘으사

11 예수, 하나님의 어린양

예수, 하나님의 어린양

어린양이 우리를 구했어요

QR코드를 핸드폰의 카메라로 스캔하면
이야기를 읽어주는 영상을 볼수 있습니다.

"여러분, 여호와 하나님께서 애굽 땅에 재앙을 내리실 겁니다.

그 재앙으로 애굽에 있는 모든 사람들의 장자와 가축의 처음 난 것이 죽음을 당할 것입니다."

모세가 애굽에 있는 이스라엘의 모든 장로들을 불러 하나님의 말씀을 전했어요.

"모세, 그럼 우리 이스라엘의 장자들도 그 재앙으로 죽게 되는 것이 아니요?"

"여러분, 걱정하지 마십시오. 하나님께서 이 재앙을 피할 수 있는 방법을

우리에게 말씀하셨습니다. 가족 수대로 어린양을 택하여 잡고, 그 피를 그릇에 담아

우슬초 묶음으로 그 피를 적셔 집 문기둥에 바르십시오.

그러면 하나님께서 그 피를 보고 그 집에 재앙을 내리지 않고 지나가실 겁니다."

이스라엘 사람들은 이 재앙으로부터 가족을 지키기 위해 하나님의 말씀대로 준비했어요.

"시므온아, 양 우리에 가서 가장 예쁘고 착한 어린양 한 마리 데려오렴."

어린 시므온은 곧장 양 우리로 달려가 자기가 가장 좋아하는 깨끗하고 예쁜 어린양을

아버지께로 데려왔어요. 잠시 후, 아버지는 시므온이 가장 아꼈던 그 어린양의 피를

그릇에 담아 집으로 돌아오셨어요.

그리고 집 입구 문기둥에 어린양의 피를 바르기 시작했어요.

시므온은 슬픈 표정으로 아버지가 하는 일을 바라보며 서 있었어요.

문기둥에 어린양의 피를 바른 후 아버지는 슬퍼하는 시므온의 손을 꼭 잡으며 말했어요.

"시므온, 하나님께서는 이스라엘 사람들을 애굽에서 구원하시기를 원하신단다.

그런데 애굽 왕은 이스라엘 사람들을 놓아줄 마음이 없어 보여.

너도 지난 며칠 동안 하나님께서 애굽 사람들에게 내리신 재앙들을 알고 있지?

모든 것이 우리를 애굽 땅에서 구해내기 위해 하나님께서 준비하신 일이란다."

이번에는 시므온을 꼭 안아주며 모세에게 하신 하나님의 말씀을 들려주었어요.

"시므온, 하나님께서 이번에는 애굽 땅의 모든 큰 아들의 목숨을 거두시기로 하셨단다."

"아빠, 저도 그 이야기 들었어요. 문기둥에 어린양의 피를 발라 두면
 하나님의 재앙이 그 집은 지나간다고 하던데요."

"그렇지, 어린양의 피가 우리 아들을 죽음에서 구해주리라 아빠는 믿어.
 어린양의 피가 우리를 구원하고, 우리를 자유롭게 해 줄 거야."

아버지의 이야기를 들은 시므온은 두 손을 꼭 모으고 하나님께 기도했어요.

"하나님, 하나님의 말씀대로 어린양의 피를 문기둥에 발라 두었어요.

우리를 위해 대신 죽은 어린양의 피를 보시고 저와 우리 집을 꼭 구원해 주세요."

그날 밤, 깊은 어둠이 애굽 땅을 덮쳤어요.

애굽의 모든 마을들을 사나운 바람이 불어 휩쓸었어요.

시므온과 온 가족은 함께 집 안에 앉아 그 무서운 시간이 지나가기를 기다렸어요.

아침 해가 눈부시게 떠올랐어요.

밤새 애굽 땅에 뒤덮었던 어둠이 사라졌어요.

밤새 세차게 불었던 바람도 잠잠해졌어요. 온 세상이 고요해졌어요.

누군가 문을 두드리며 큰 소리로 외쳤어요.

"애굽 왕이 우리를 풀어준답니다. 이제 우리는 자유입니다."

"어젯밤 어린양 피를 바르지 않은 애굽 사람들 집에는 첫 번째 아들이 죽었다네요."

시므온의 아버지는 시므온의 어깨를 감싸며 조용히 고백했어요.

"하나님, 어린양의 피로 우리를 구원해 주셨습니다. 감사합니다. 아멘."

어린양의 피로 구원을 얻은 이스라엘 사람들은 이제 자유의 몸이 되었어요.

애굽을 떠난 이스라엘 사람들은 하나님이 약속하신 가나안 땅으로 갔어요.

이스라엘 사람들은 어린양의 피가 자기들을 구원해 주었음을 기억하고 잊지 않기로 했어요.

구원받은 그 날을 유월절이라고 부르며 절기로 지켰어요.

어린양 엠블럼을 완성해요

하나님은 유월절 어린양의 피로 이스라엘 백성들을 죽음에서 구원해 주셨어요.
예수님은 우리를 구원하기 위해 죽으신 '유월절 어린양'임을 기억해요.
엠블럼을 색칠하여 완성해보아요.

  점선을 따라 쓰고 어린양되신 예수님을 기억하며 하나님께 기도해요.

"유월절 어린양"

하나님!
_____

3과 고난당한 어린양

● 배울 말씀: 이사야 53장 1-12절
● 외울 말씀: 이사야 5장 구절

 이사야 5장 구절 말씀을 찾아 완성하고, 함께 외워요.

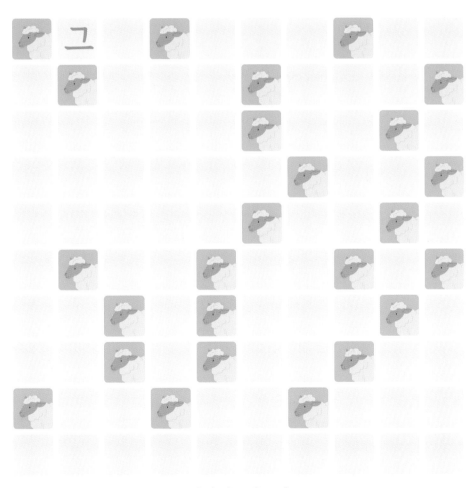

그

이사야 5장 7절

예수, 하나님의 어린양

우리를 위해 어린양이 고난받았어요

QR코드를 핸드폰의 카메라로 스캔하면
이야기를 읽어주는 영상을 볼수 있습니다.

"이사야, 내가 이스라엘 왕과 백성들의 죄악을 보았노라.

 그들의 마음은 나를 버렸고, 그들의 생각과 행동은 죄악 된 길로 가는구나.

 또한 돌이킬 생각이 없음을 내가 보았다. 이방나라 바벨론이 일어나 이스라엘을

 무너뜨리고 많은 사람이 바벨론의 포로로 잡혀 갈 것이다."

어느 날, 이사야 선지자는 이스라엘이 멸망할 것이라는 하나님의 말씀을 들었어요.

그리고 이사야 선지자의 예언은 그대로 이루어졌어요.

이스라엘은 바벨론에게 멸망당하였고, 많은 사람들이 포로가 되어 바벨론으로 끌려갔어요.

그리고 바벨론에서 어렵고 힘든 생활을 하며 살았어요.

"할아버지, 할아버지 어디계세요?"

벌컥 문이 열리더니 토비아스가 뛰어 들어오며 다급히 할아버지를 찾았어요.

할아버지는 고개를 돌려 토비아스를 바라보았어요.

"할아버지, 바벨론 사람들이 하나님이 이스라엘 백성들을 버렸다고 말해요. 아니죠?"

토비아스는 할아버지에게 안겨 울며 말했어요.

"할아버지는 우리가 하나님의 백성이라고 말씀하셨는데, 왜 우리는 바벨론에서

 매일 힘든 일을 하고 고통당하며 살아야 해요? 싫어요!

 정말로 하나님이 우리를 버리신 거면 어떡해요?"

할아버지는 토비아스의 눈물을 닦아주었어요.

그리고 옆에 있던 성경을 펼치며 이사야의 예언을 들려주었어요.

"예전에 우리 이스라엘의 왕과 백성들이 죄를 짓고 하나님을 떠났을 때,

하나님께서는 이사야 선지자를 통해 우리가 바벨론의 포로가 될 것을 말씀하셨단다.

그런데 우리는 이사야 선지자의 말을 듣지 않았어.

그래서 지금 바벨론에서 이렇게 포로로 힘들게 살아가고 있단다."

"그러면, 우리는 계속 이렇게 힘들게 살아가야 하나요? 싫어요!"

"그런데 사실 이사야 선지자가 한 가지 예언을 더 했지.
 그 예언은 하나님의 뜻에 따라 고난을 감당하는 한 사람의 이야기란다."
"고난당하는 한 사람이요?"
"맞아. 이사야 선지자는 한 사람이 우리에게 나타나, 우리가 겪는 어려움을 대신 감당함으로
 이스라엘이 구원을 받게 된다고 말했단다."
할아버지는 그 사람이 스스로 하나님의 뜻에 따라 형제와 이웃을 위해
어려움과 고난을 겪기로 결심하지만, 오히려 그의 형제와 이웃에게 멸시당하고
버림받을 거라고 토비아스에게 말해주었어요.

"할아버지 그 사람이 너무 불쌍해요. 너무 힘들 것 같아요."
"그 사람도 힘들 거야. 이사야 선지자는 그 사람이 잠잠히 도수장으로 끌려가는 어린양처럼

모든 멸시와 조롱과 고통을 감당할 거라고 말했단다. 그리고 그는 아무리 힘들어도

자기가 감당해야 할 모든 어려움을 끝까지 겪어내고, 결국에는 하나님의 구원을

성취해 낼 거라고 했어."

할아버지는 그 사람이 우리가 받아야 할 벌과 고통을 감당하고 이겨내야 우리가 구원을 받고,

우리가 평화를 얻게 될 것이라고 이사야 선지자의 예언을 들려주었어요.

"정말요? 우리에게 정말로 평화가 오나요? 우리가 구원을 받게 되나요?

할아버지, 그 사람은 지금 어디 있어요?"

"할아버지도 지금 이사야 선지자가 예언한 그 한 사람을 기다리고 있단다.

하나님의 예언의 말씀이니 꼭 이루어질 거야.

토비아스, 우리를 구원해 줄 그 사람을 할아버지와 끝까지 함께 기다리자."

이사야 선지자는 우리를 구원하기 위해 고난받고 어려움 당하는 예수님을 예언했어요.

예수님은 죄 때문에 고통당하며 힘들게 살아가는 우리에게 오셔서 우리의 짐을 대신 지셨어요.

우리가 겪어야 할 수치와 조롱을 대신 감당하셨어요.

예수님은 고난받는 어린양의 모습으로 우리를 구원하셨어요.

우리를 자유하게 하셨어요.

어린양 엠블럼을 완성해요

하나님은 선지자 이사야를 통해 고난 당하는 이스라엘을 구원하시기 위해 한 사람을
보내실 것을 예언하셨어요. 예수님은 우리의 죄를 대신 짊어지신 '고난 당한 어린양'임을
기억해요. 엠블럼을 색칠하여 완성해보아요.

점선을 따라 쓰고 어린양되신 예수님을 기억하며 하나님께 기도해요.

하나님!

_____

4과 세상 죄를 지신 하나님의 어린양

● 배울 말씀: 요한복음 1장 14-34절
● 외울 말씀: 요한복음 1장 29절

 요한복음 1장 29절을 따라 적고, 함께 말씀을 외워요.

이튿날 요한이 예수께서
자기에게 나아오심을 보고
이르되 보라 세상 죄를 지고 가는
하나님의
어린 양이로다

요한복음 1장 29절

예수, 하나님의 어린양

하나님의 어린양을 보아요

QR코드를 핸드폰의 카메라로 스캔하면
이야기를 읽어주는 영상을 볼수 있습니다.

"이보게, 세례자라고 불리는 요한에 대한 소문 들었나?"

"들었지. 광야에서 하나님의 나라가 가까이 왔다고 외친다던데.

요즘 마을마다 요한에 대한 소문으로 시끌시끌하다더군."

"우리 마을 사람들도 매일같이 요한의 가르침을 들으러 광야로 갔어요.

오늘은 요단강에서 사람들에게 회개의 세례를 베푼다고 하네요.

오늘은 요단강으로 가봐야겠어요."

이스라엘 백성들은 오랫동안 자신들을 구원해 줄 메시아를 간절히 기다렸어요.

요한의 소문을 들은 많은 사람들이 예루살렘과 온 유대와 요단강 사방으로부터 찾아왔어요.

"여러분, 천국이 가까이 왔습니다. 주의 길을 예비하십시오."

요한은 사람들에게 세상을 향한 하나님의 구원이 가까이 왔음을 전파했어요.

"여러분, 자신의 죄를 회개하십시오. 그리고 회개의 세례를 받고 새 사람이 되십시오."

요한의 설교를 들은 많은 사람들이 자신의 죄를 회개했어요.

요단강에서 회개의 세례를 받고, 새 사람으로 살아갈 것을 다짐했어요.

오늘도 아침 일찍부터 세례를 받기 위해 사람들이 요단강으로 모여들었어요.

요한은 길게 줄을 선 사람들 사이에 서 있는 한 사람을 보았어요.

바로 예수님이었어요. 예수님의 순서가 되었을 때, 예수님은 요단강으로 내려왔어요.

요한은 자기 앞에 서 있는 예수님을 바라보며 말했어요.

"당신은 하나님의 아들이십니다. 어찌 나에게 세례받기를 청하십니까?
 내가 오히려 당신에게 세례를 받아야 합니다."

"아니오. 요한, 나는 당신에게 세례를 받아야 합니다. 세례를 베풀어주세요."

예수님은 요한에게 세례를 베풀어주기를 겸손히 부탁하셨어요.

세례를 받으신 예수님은 요단강에서 나와 요단강변을 기도하며 조용히 걸으셨어요.

그리고 강변 이곳저곳을 다니며 만나는 사람들과 친절하게 인사를 나누셨어요.

예수님의 얼굴에는 환한 미소가 가득했어요.

예수님의 얼굴에는 하나님의 뜻을 따르겠다는 의지가 가득했어요.

예수님은 어떤 어려움도 다 이기고 세상을 향한 하나님의 구원을 이루겠다고 결심했어요.

멀리서 예수님의 모습을 바라보던 요한은 무언가 결심한 듯 자기를 따르던 제자들을 불러 모았어요.

그리고 손가락으로 요단강변을 거닐고 계신 예수님을 가리켰어요.

세례 요한의 제자들은 고개를 돌려 예수님을 바라보았어요.

"저기 강변을 거닐고 있는 사람이 보이시나요? 저 사람을 잘 보세요.

저분이 바로 하나님의 아들이십니다. 하나님의 어린양이십니다."

"선생님, 저분이 하나님의 아들이라구요?"

"맞습니다. 저분이 바로 하나님께 보냄 받아 세상을 구원으로 인도하실 예수님입니다.

이제 여러분은 예수님을 따라가십시오.

그리고 하나님의 어린양 되신 예수님이 이루어 나갈 하나님의 구원의 길로 나아가십시오."

예수님은 하나님의 구원을 이루기 위해 하나님의 어린양으로 이 땅에 오셨어요.

예수님은 세상 구원을 위한 하나님의 뜻을 잘 아셨어요.

그리고 하나님의 어린양으로 겸손하게 자기를 나타내셨어요.

세례 요한은 예수님이 하나님의 어린양이라는 것과 어린양의 모습으로

세상을 구원하실 것을 알았어요.

어린양 엠블럼을 완성해요

세례 요한은 예수님이 하나님의 구원을 이루기 위해 이 땅에 오신 하나님의 어린양임을 알았어요. 예수님은 '세상 죄를 지신 어린양'의 모습으로 겸손하게 자신을 나타내셨음을 기억해요. 엠블럼을 색칠하여 완성해보아요.

 점선을 따라 쓰고 어린양되신 예수님을 기억하며 하나님께 기도해요.

"세상 죄를 지신 하나님의 어린양"

하나님!
_____

5과 순종하신 하나님의 어린양

● 배울 말씀: 마태복음 26장 1-2절, 누가복음 22장 41-44절
● 외울 말씀: 누가복음 22장 42절

 누가복음 22장 42절을 찾아 ⬤ 를 채워 말씀을 완성한 후, 함께 외워요.

"아버지여
만일 ⬤⬤⬤의 ⬤이거든
이 ⬤을 내게서 ⬤⬤시옵소서
그러나 ⬤ 원대로 마시옵고
⬤⬤⬤의 원대로
⬤⬤⬤ 원하나이다"

누가복음 22장 42절

예수, 하나님의 어린양

하나님 뜻대로 순종해요

QR코드를 핸드폰의 카메라로 스캔하면
이야기를 읽어주는 영상을 볼수 있습니다.

"저기 봐요. 예수와 그의 제자들이에요."

"그러게. 절기를 지키러 예루살렘에 왔나 보군."

유월절을 맞아 예루살렘을 방문한 예수님과 제자들을 사람들이 쳐다보며 수군거렸어요.

"예수님, 우리를 쳐다보는 예루살렘 사람들의 눈빛이 이상해요!"

"맞아요. 지난번 예루살렘에 왔을 때보다 분위기가 더 좋지 않아요."

"예수님. 이번 유월절에는 다른 때보다 더 조심하셔야 할 것 같습니다."

제자들은 예루살렘 사람들의 눈초리와 수군거리는 소리에 마음이 불안해졌어요.

혹시나 무슨 일이 일어날까 두려웠어요.

하지만 예수님은 제자들의 말에 아무런 대답도 하지 않고, 계속 걸으셨어요.

한참을 앞서가시던 예수님이 발걸음을 멈추고 돌아서서 제자들을 바라보시며 말씀하셨어요.

"이제 이틀이 지나면 유월절이군요."

"네? 그래서 우리가 예루살렘에 온 거 아닌가요?"

제자들은 어리둥절한 얼굴로 예수님을 바라보았어요.

아무도 예수님의 말씀은 이해하지 못했어요.

예수님은 깊은 한숨을 내쉬며, 다시 말씀하셨어요.

"이틀이 지나 유월절이 되면, 나는 유월절 어린양처럼 사람들에게 팔려 죽게 될 것입니다."

"그게 무슨 말씀이세요? 예수님이 유월절 어린양처럼 팔려 죽는다니요?"

예수님은 놀란 제자들을 바라보시며 나시 한 빈 분명하게 말씀하셨어요.

"나는 곧 사람들에게 붙잡혀 로마군에게 넘겨질 것입니다.

 그리고 십자가에 달려 죽을 것입니다."

말씀을 다 마치신 예수님은 다시 가던 길을 계속 걸어가셨어요.

예수님은 스스로 유월절 어린양이 되어 희생되어야 함을 아셨어요.

하지만 유월절 어린양처럼 자기를 희생하는 일은 쉬운 일이 아니었어요.

예수님은 세상의 구원을 위한 하나님의 뜻을 생각하며 계속해서 기도하셨어요.

십자가에서 죽는 것은 두렵고 힘든 일이었어요.

"아버지, 이제 그 시간이 다가옵니다. 제가 감당할 수 있을까요? 두렵습니다.

 아버지, 제가 꼭 유월절 어린양처럼 희생되어야 하나요?

 사람들을 대신해 십자가에서 죽는 것 말고는 다른 구원의 길은 없나요?"

예수님은 마지막 순간까지도 하나님께 기도하셨어요.

예수님의 기도는 간절했고, 고통스러웠어요.

예수님의 얼굴에서 땀이 피처럼 흘러내렸어요.

사랑하는 아들을 죽음의 자리로 보내는 것은 정말로 힘든 일이었어요.

예수님의 고통스러워하는 모습을 바라보는 하나님의 마음도 아프셨어요.

하지만 하나님은 아들 예수님이 그 일을 끝까지 이루기를 바라셨어요.

기도를 마친 예수님이 고개를 들어 하늘을 바라보며 하나님께 말했어요.

"아버지, 내 뜻대로 하지 마시고, 아버지의 뜻대로 하세요.

저는 아버지의 뜻을 따르겠습니다."

예수님은 세상을 사랑하시는 하나님의 마음과 세상을 구원하기 원하시는

하나님의 뜻을 기억했어요.

그리고 십자가의 길, 어린양의 길로 나아갈 것을 결심했어요.

유월절 어린양 예수님은 두렵고 떨렸지만 하나님의 뜻에 순종하셨어요.

예수님은 사람들에게 붙잡혀 고난받고, 십자가를 지고 끝까지 골고다로 가셨어요.

예수님은 십자가 위에서 죽는 그 순간까지 순종하는 어린양의 모습을 지키셨어요.

예수님은 우리 죄를 위해 어린양으로 자기를 희생하셨어요.

어린양 엠블럼을 완성해요

하나님은 예수님이 하나님의 구원을 이루기를 원하셨어요. 예수님은 아버지의 뜻대로
우리를 구원하기 위해 십자가에서 '죽기까지 순종하신 하나님의 어린양'임을 기억해요.
엠블럼을 색칠하여 완성해요.

Jesus,
the lamb of God
죽기까지 순종하신 하나님의 어린양

 점선을 따라 쓰고 어린양되신 예수님을 기억하며 하나님께 기도해요.

"죽기까지 순종하신 하나님의 어린양"

하나님!

_____

6과 우리가 고백하는 어린양

● 배울 말씀: 누가복음 22장 7-20절
● 외울 말씀: 누가복음 22장 19-20절

 길을 따라가며 누가복음 22장 19-20절을 큰 소리로 읽고, 함께 외워요.

누가복음 22장 19-20절

어린양 예수님의 희생을 기억해요

QR코드를 핸드폰의 카메라로 스캔하면
이야기를 읽어주는 영상을 볼수 있습니다.

"두기오, 오늘 공동체 저녁 모임에 작은 야보고 사도님이 오신다네."

"아저씨, 아니 집사님. 야보고 사도님이 우리 공동체를 방문하신다는 말이 사실이었군요.

저는, 야고보 사도님을 처음 만나는 거라 정말 기대가 돼요."

"저기를 보게나. 벌써 많은 사람들이 도착했군. 우리도 서둘러 가야겠어."

두기오는 이웃집 집사님을 따라 얼마 전부터 이 공동체 모임에 참석하고 있어요.

대문을 열고 들어서니 사람들이 두기오를 반갑게 인사하며 맞아주었어요.

집안 곳곳에는 부모님을 따라 온 아이들의 웃음소리가 가득했어요.

앞쪽에서 사람들과 이야기를 나누는 야고보 사도가 보였어요.

두기오는 아저씨 손에 이끌려 앞으로 나아왔어요.

"집사님, 오랫만이에요?"

"야고보 사도님, 이번 여행은 어떠셨어요? 빨리 이야기를 듣고 싶네요.

그리고 이 청년은 얼마 전부터 예수님을 믿고 우리 공동체에 참석하고 있는 두기오입니다."

인사를 마친 후 아이들과 어른들 모두 한 자리에 둘러앉자, 작은 야고보라 불리는

예수님의 사도가 자리에서 일어났어요. 야고보 사도는 그동안 여러 지역을

다니며 방문했던 다른 공동체들의 안부와 이야기를 전해주었어요.

그곳에 모인 사람들은 예수님 때문에 고난당하는 여러 지역의 성도들과

믿음을 지키며 살아가는 그리스도인들을 위해 함께 기도했어요.

기도가 끝나자 야고보 사도는 예수님의 말씀을 들려주었어요.

그곳에 모인 사람들은 숨죽여 이야기를 들었어요.

집안 가득 야고보 사도의 목소리만 울려 퍼졌어요.

야고보의 이야기가 끝나자 모두들 아멘으로 화답했어요.

"아멘", "아멘"

몇 명의 집사님들이 일어나 준비해둔 떡과 포도즙 잔을 사람들 앞에 놓으며 이렇게 말했어요.

"여러분, 이제 예수님의 성찬을 나눌 시간입니다."

두기오는 자기 앞에 놓인 떡과 포도즙이 무엇을 의미하는지 알지 못해,

두리번거리며 주위를 둘러보았어요.

건너편에 앉아있던 야고보 사도가 당황하는 두기오를 보았어요.

야고보 사도는 예수님이 제자들에게 떡과 포도즙 잔을 주시던 그날 밤을 떠올렸어요.

"이 떡은 여러분들을 위하여 주는 내 몸입니다.

이 떡을 나누어 먹을 때마다 여러분들은 나를 기념하세요.

이 잔에 부은 포도즙은 여러분들을 위해 세우는 새 언약의 피입니다.

이 포도즙 잔을 마실 때 마다 여러분들은 나를 기억하세요."

야고보 사도는 예수님께 건네받은 떡과 포도즙 잔을 들고 그 의미를 이해할 수 없어

어리둥절했던 기억이 생각났어요. 하지만, 이제는 떡과 포도즙이

우리를 구원하기 위해 스스로 어린양이 되어 십자가에 죽으시고 부활하신

예수님의 몸과 피라는 것을 믿음으로 고백해요.

야고보 사도가 미소 띤 얼굴로 자리에서 일어났어요.

그리고 예수님의 성찬의 자리에 앉은 공동체를 바라보며 말했어요.

"여러분, 앞에 놓인 떡은 우리를 위해 죽으시고 부활하신 어린양 예수님의 몸입니다. 먹으세요"

야고보는 두기오에게 떡을 건네며 이렇게 말했어요.

"두기오, 우리를 위해 십자가에서 죽으시고 부활하신 어린양 예수님의 몸입니다."

두기오는 떨리는 마음으로 떡을 받아먹었어요.

야고보 사도가 다시 공동체를 바라보며 말했어요.

"여러분, 앞에 놓인 잔에 담긴 포도즙은 우리를 위해 흘리신 어린양 예수님의 피입니다. 마시세요."

"두기오, 우리를 위해 십자에게서 흘리신 어린양 예수님의 피입니다."

두기오는 감격의 눈물을 흘리며 포도즙을 마셨어요.

그리고 이렇게 고백했어요.

"나를 위해 죽임 당한 어린양 예수님,

  우리를 구원하기 위해 죽으신 어린양 예수님을 경배합니다. 경배합니다."

예수님의 십자가 은혜를 믿는 우리는 함께 성찬의 자리에 앉아야 해요.

고난 당해 죽을 것을 알면서도 어린양이 되신 예수님을 기억해요.

나를 위해 대신 죽으신 예수님의 희생을 고백해요.

어린양 엠블럼을 완성해요

예수님은 우리를 위해 십자가에서 자신의 몸과 피를 아낌없이 내어 주셨어요.
하나님의 어린양 되신 예수님의 헌신과 희생을 기억하며 고백해요.
우리를 구원하신 예수님께 감사의 고백을 드리며 엠블럼을 색칠하여 완성해요.

 점선을 따라 쓰고 어린양되신 예수님을 기억하며 하나님께 기도해요.

우리가 고백하는 하나님의 어린양

하나님!

7과 어린양의 승리

● 배울 말씀: 요한계시록 7장 9-17절
● 외울 말씀: 요한계시록 7장 9-10절

 요한계시록 7장 9-10절을 따라 적고, 말씀을 함께 외워요.

이 일 후에 내가 보니
각 나라와 족속과 백성과 방언에서
아무도 능히 셀 수 없는 큰 무리가 나와
흰 옷을 입고 손에 종려 가지를 들고
보좌 앞과 어린 양 앞에 서서
큰 소리로 외쳐 이르되 구원하심이
보좌에 앉으신 우리 하나님과
어린 양에게 있도다 하니

   요한계시록 7장 9-10절

승리하신 하나님의 어린양

QR코드를 핸드폰의 카메라로 스캔하면
이야기를 읽어주는 영상을 볼수 있습니다.

"저기 배가 들어오는군. 이번에 들어오는 죄수들 중에는 요한도 있다는 군."

"요한? 예수의 복음을 전하다 에베소에서 잡혔다는 예수의 제자라는 사람이요?"

캄캄한 밤바다를 뚫고 요한이 탄 배 한 척이 밧모섬에 도착했어요.

요한은 해가 떠 있는 동안 밧모섬의 죄수들처럼 광산에서 힘든 일을 했어요.

밧모섬의 죄수들은 살아서 나갈 수 없는 이곳에서 희망도 없이 하루하루를 살았어요.

아무런 희망도 없는 밧모섬에서 하나님은 요한에게 미래의 일들을 환상으로 보여주셨어요.

어느 날, 밧모섬에 먼저 잡혀 온 한 젊은 청년이 요한에게 다가와 물었어요.

"하루 종일 힘든 일을 하고, 매일 밤마다 쉬지도 않고 무엇을 그렇게 기록하십니까?"

"하나님이 나에게 미래의 일들을 환상으로 보여주십니다.

 나는 그것을 본대로 기록하고 있지요."

젊은 청년은 무척 화가 난 표정으로 요한에게 소리치듯 물었어요.

"그럼, 에베소에서 붙잡혀왔다는 예수님의 제자 요한 선생님이시군요. 그분 맞죠?

 사람들이 선생님이 전하는 예수를 믿으면 구원을 받는다고 말하는데,

 왜 많은 사람들이 예수를 믿고 따른다고 처형을 당해 죽어야 했나요?

 그리고 지금 선생님은 왜 밧모섬에 끌려와 이렇게 고난을 받고 있나요?"

"이보게 젊은 친구, 무엇 때문에 그리 화가 났소?"

"버가머에서 내 친구도 순교 당했어요. 좋은 사람이었는데."

"아, 그랬군요. 당신이 알고 있듯이 많은 그리스도인들이 순교하였다네.

 그리스도인들은 예수님이 우리 죄를 위하여 스스로 어린양이 되어 고난당하고,

 십자가에서 대신 죽으시고, 다시 살아나서 하나님의 구원을 이루셨음을 믿는다네.

 그리고 순교한 자네 친구처럼 예수님의 희생과 헌신을 따라 살아가며

 순교의 자리까지 나아가지."

요한의 목소리는 따뜻했지만, 단호했고, 확신에 차 있었어요.

"그래도, 선생님이 이렇게 어려운 상황에 있는 것을 안다면 사람들은 예수를 믿지 않을 겁니다.

에베소의 그리스도인들도 모두 예수의 복음을 버릴 겁니다.

결국에 예수를 믿고 따르는 사람은 아무도 없을 겁니다. 그렇지 않습니까?"

요한은 그 청년에게 하나님이 자신에게 미래의 일들에 대해 보여주신 환상을 말해주었어요.

"젊은 친구, 십자가를 지신 어린양 예수님을 구주로 믿는 사람들은 미래에 어떻게 될까?

자네는 궁금하지 않나?

나는 하나님이 보여주신 환상 속에서 그들을 보았다네.

하얀 옷을 입은 수많은 사람이 모여 환하게 웃으며 서로를 끌어안고 기쁘게 인사를 나누었지.

그리고 어린양 되신 예수님을 함께 찬양하였다네"

젊은 청년은 진지한 눈빛으로 요한에게 물었어요.

"그 사람들이 누구죠?"

"나도 자네처럼 천사에게 물었더니, 천사가 나에게 말하더군.

'요한, 당신은 이 사람들이 누구인지 잘 알고 있지 않습니까?'

나는 그 수많은 사람들이 누구인지 한눈에 알아볼 수 있었다네.

그들은 고난과 어려움 속에도 어린양 예수를 믿는 믿음을 버리지 않은 사람들이었다네."

요한은 자신의 이야기를 귀 기울여 듣고 있던 청년의 손을 지긋이 잡고, 얼굴을 바라보았어요.

"여보게 젊은이, 그리스도인들은 예수님이 우리에게 보여주신 어린양 희생과

헌신을 믿는 사람들이라네. 어린양의 희생과 헌신이 얼마나 값진 일인지 잘 알기에

우리는 예수님을 따라 십자가 삶을 살아가지. 그러니 자네의 생각처럼,

어린양 예수님의 십자가 희생과 사랑을 믿는 사람들의 숫자는 결코 줄어들지 않을거야.

오히려 크게 늘어날걸 세. 그러니 젊은 청년, 자네도 예수님을 믿게나."

많은 사람들이 하나님의 아들, 어린양 되신 예수님의 십자가 사랑과 헌신을 믿었어요.

그리고 어린양 예수님을 따라 지금도 십자가의 희생과 헌신의 길을 걷고 있어요.

천국에서 우리는 어린양 예수님을 따랐던 사람들과 함께

어린양 되신 예수님의 승리를 보게 될 거예요. 그리고 어린양 예수님과 함께

승리의 찬양을 하게 될 것을 믿어요.

어린양 엠블럼을 완성해요

요한은 수많은 사람들이 각지에서 나아와 어린양 예수님의 승리를 찬양하는 환상을 보았고 증거하였어요. 예수님의 십자가 희생과 사랑을 따르는 많은 그리스도인들이 천국에서 승리하신 하나님의 어린양 되신 예수님과 함께 찬양할 것을 믿고 기억해요. 엠블럼을 완성해보아요.

Jesus,
the lamb of God

승리하신 하나님의 어린양

 점선을 따라 쓰고 어린양되신 예수님을 기억하며 하나님께 기도해요.

"승리하신 하나님의 어린양"

하나님!
_____

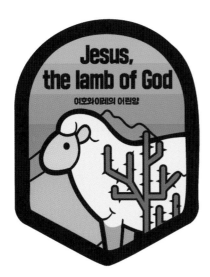

어린양 엠블럼 이렇게 활용해요

첫째, 엠블럼을 연결하여 가랜더를 만들어보아요.
둘째, 엠블럼을 코팅하여 카드를 만들어 보아요.
셋째, 엠블럼을 나무젓가락에 붙여 깃발을 만들어 보아요.